Sebastian Barta

BBGB | Rechtsanwälte Grundlagenskripte zum Zivil- und Wirtschaftsrecht

Band 4

BGB Sachenrecht

GRIN Verlag

Bibliografische Information der Deutschen Nationalbibliothek:

Die Deutsche Bibliothek verzeichnet diese Publikation in der Deutschen National-
bibliografie; detaillierte bibliografische Daten sind im Internet über http://dnb.d-
nb.de/ abrufbar.

Impressum:

Copyright © 2011 GRIN Verlag GmbH
Druck und Bindung: Books on Demand GmbH, Norderstedt Germany
ISBN: 978-3-640-78073-0

Dieses Buch bei GRIN:

http://www.grin.com/de/e-book/163448/bgb-sachenrecht

GRIN - Your knowledge has value

Der GRIN Verlag publiziert seit 1998 wissenschaftliche Arbeiten von Studenten, Hochschullehrern und anderen Akademikern als eBook und gedrucktes Buch. Die Verlagswebsite www.grin.com ist die ideale Plattform zur Veröffentlichung von Hausarbeiten, Abschlussarbeiten, wissenschaftlichen Aufsätzen, Dissertationen und Fachbüchern.

Besuchen Sie uns im Internet:

http://www.grin.com/

http://www.facebook.com/grincom

http://www.twitter.com/grin_com

BGB Sachenrecht

BBGB | Rechtsanwälte Grundlagenskripte zum Zivil- und Wirtschaftsrecht

Band 4

Sebastian Barta

1. Auflage 2011

Inhaltsverzeichnis

A. Einführung

I. Schuldrecht und Sachenrecht

Das Schuldrecht regelt, wie Rechtssubjekte sich im Geschäftsverkehr verhalten können, wie sie Verträge schließen können und dazu grundlegend im Allgemeinen Teil des BGB, wann ihren Handlungen rechtsgeschäftliche Qualität und Konsequenzen ihrem auf Rechtsfolgen gerichteten Willen zukommen. Im Allgemeinen Schuldrecht wird angeordnet, wie die versprochene Leistung zu erbringen ist und in dessen zentralem Teil des allgemeinen Leistungsstörungsrechts was geschieht, wenn dieses Leistungsversprechen, nicht oder nicht in der versprochenen Form oder verspätet erbracht wird. Es ist darauf gerichtet, den dynamischen Prozess der Entstehung und des Vollzugs der Schuldverhältnisse zwischen den Parteien (inter partes) zu erfassen.

Das Sachenrecht hingegen ist statisch, es regelt für jedermann (inter omnes) verbindlich die vermögensmäßige Zuordnung eines Rechtsobjekts zu einem Rechtssubjekt. Im Interesse einer eindeutigen Vermögenszuordnung wird, anders als bei der schuldrechtlichen Vertragsfreiheit, deshalb die Möglichkeit eingeschränkt, andere sachenrechtliche Berechtigungen zu erfinden. Deren Anzahl und Form ist verbindlich im Gesetz, nämlich im 3. Buch des BGB festgelegt (numerus clausus der Sachenrechte).

II. Begriff der Sache

Rechtsobjekte sind im Wesentlichen bewegliche Sachen (Mobilien), Grundstücke (Immobilien) und Rechte. Eine Legaldefinition des dem Rechtsgebiet seinen Namen gebenden Rechtsobjekts der Sache gibt das Gesetz jedoch bereits im Allgemeinen Teil des BGB in § 90 BGB, da ihm nicht nur für das Dritte Buch des Gesetzes, sondern bereits für das zweite Buch, das Schuldrecht – etwa für den ihnen nunmehr leidlich bekannten § 433 Abs. 1 BGB – erhebliche Bedeutung zukommt. Eine Sache ist danach ein körperlicher, damit abgrenzbarer Gegenstand. Tiere sind zwar keine Sachen, werden aber wie solche behandelt (§ 90a BGB).

Die Rechte werden im Wesentlichen im Allgemeinen Schuldrecht in den §§ 398ff. BGB behandelt und sind deshalb bereits dort von uns besprochen worden. Im dritten Buch erfolgt für sie nur sachbezogen die Regelung von Einzelfragen (siehe etwa zu einem Pfandrecht an Rechten wie der Verpfändung einer Geldforderung § 1273ff. BGB).

Ein Grundstück im Rechtssinn ist ein räumlich abgegrenzter Teil der Erdoberfläche, der katastermäßig erfasst und im Bestandsverzeichnis eines Grundbuchblatts unter einer besonderen Nummer eingetragen ist (vgl. § 3 Abs. 1 S. 1 Grundbuchordnung). Das Kataster ist ein von der Verwaltungsbehörde (dem Vermessungsamt) geführtes öffentliches Register, das die tatsächlichen und steuerlichen Verhältnisse der Grundstücke wiedergibt. Das Grundbuch übernimmt den Inhalt des Katasters und gibt als öffentliches Register Auskunft über die Rechtslage der Grundstücke, etwa das Eigentum.

III. Bestandteile und Zubehör

Aus wirtschaftlichen Gründen zum Schutz einer höheren Produktionsstufe nehmen bewegliche Sachen am rechtlichen Schicksal einer Hauptsache teil, wenn die Trennung eine wirtschaftliche Einheit vernichteten würde. Sie sind rechtlich unselbstständig, gemäß § 93 BGB wesentlicher Bestandteil der Hauptsache, wie z.B. eine Schraube in einer Maschine. Die Abgrenzung ist stets deshalb so wichtig, da solange eine Sache noch nicht wesentlicher Bestandteil geworden ist, eben noch selbständig veräußert oder belastet, etwa verpfändet werden und somit als Sicherheit für einen Kredit dienen.

Gebäude und Gebäudebestandteile, wie Türen und Fenster, können rechtlich nur zusammen mit dem Grundstück übertragen werden (superficies solo cedit), sind deshalb gemäß § 94 Abs. 1 u. 2 BGB unmittelbar oder mittelbar wesentliche Bestandteile des Grundstücks. Zum Ausgleich für einen Rechtsverlust (den Verlust des Eigentums) erhält der ursprüngliche Eigentümer einen schuldrechtlichen Zahlungsanspruch gemäß §§ 951, 812 Abs. 1 BGB gegen den neuen Eigentümer.

Scheinbestandteile gemäß § 95 BGB bleiben hingegen sonderrechtsfähig. Beispiele dafür sind etwa die Buden auf einem Jahrmarkt oder Rummel.

B. Eigentum

Während Forderungen aus einem gesetzlichen oder vertraglichen Schuldverhältnis nur relativ zwischen den Personen bestehen, betrifft das Sachenrecht im Wesentlichen dingliche "absolute" Rechte, die inter omnes verbindlich die vermögensmäßige Zuordnung eines Rechtsobjekts zu einem Rechtssubjekt regeln. Dingliche Rechte sind mithin solche, die eine unmittelbare Beziehung zwischen einem Rechtsinhaber und der Sache begründen.

Das Eigentum ist das weitreichendste dingliche Recht. Die anderen Arten dinglicher Rechte, die sog. beschränkt dinglichen Rechte (siehe dazu unten mehr), stellen sich als Abspaltungen des Eigentums dar (*Wilhelm*, Sachenrecht, 3. Aufl. 2007, Rn. 1). Der Eigentümer kann gemäß § 903 BGB mit seiner Sache nach Belieben verfahren, solange er nicht Rechte Dritter beeinträchtigt. So kann er sie etwa auch vernichten oder aufgeben (siehe § 959 BGB). Er kann sie aber auch als Sicherheit für ein Darlehen einsetzen, z.B. eine Mobilie gemäß § 1205 Abs. 1 S. 1 BGB verpfänden (dazu unten mehr). Er hat somit nicht nur die Befugnis, über das Eigentum als Ganzes zu verfügen, sondern kann auch nur bezogen auf einzelne Beziehungen über sein Eigentum verfügen. Diese Verfügungen folgen dann im Prinzip denselben rechtlichen Regeln wie der Verfügung über das Volleigentum.

I. Der Herausgabeanspruch des Eigentümers

Im Anschluss an die im Römischen und im Gemeinen Recht geltende Bezeichnung rei vindicatio wird der Herausgabeanspruch des Eigentümers nach § 985 BGB auch heute noch als Vindikation bezeichnet. Er setzt eine Vindikationslage voraus, d.h. es muss einen Eigentümer und einen unrechtmäßigem Besitzer der Sache geben. Neben dem unmittelbaren Herausgabeanspruch richtet sich die Rechtsbeziehung zwischen den in einem solchen Rechtsverhältnis stehenden Parteien nach den in den §§ 987ff. BGB geregelten Ansprüche auf Nutzungen und Schadensersatz für den Eigentümer sowie auf Verwendungsersatz für den unrechtmäßigen Besitzer.

Der Besitz muss unberechtigt sein, denn gemäß § 986 Abs. 1 S. 1 BGB kann der Besitzer die Herausgabe verweigern, wenn er ein Recht zum Besitz hat. Damit wird eine Selbstverständlichkeit ausgedrückt, denn derjenige, der ein Recht zum Besitz etwa aus Mietvertrag von dem Eigentümer herleitet, wofür er gemäß § 535 Abs. 2 BGB einen Mietzins zu zahlen hat, ist berechtigter Besitzer und muss gegenüber dem Eigentümer die Herausgabe der Sache verweigern dürfen. Dies gilt gemäß § 986 Abs. 1 S. 2 BGB auch für denjenigen, der ein Recht zum Besitz zwar nicht vom Eigentümer selbst, aber von einem Dritten ableitet, der selbst ein Recht zum Besitz gemäß § 986 Abs. 1 S. 1 BGB hat. So kann beispielsweise der Untermieter einer Wohnung die Herausgabe verweigern, wenn dem Mieter die Untervermietung vom Eigentümer gestattet worden ist und beide jeweils einen wirksamen Mietvertrag haben.

Die Regelung des § 985 EGB ist also immer im unmittelbaren Zusammenhang mit § 986 BGB zu lesen und zu verstehen. Für die Anspruchsprüfung bedeutet dies, dass die Frage nach dem Recht zum Besitz stets als (negative) Anspruchsvoraussetzung zu prüfen ist.

II. Beseitigungs- und Unterlassungsansprüche des Eigentümers

Der Beseitigungsanspruch (actio negatoria) gemäß § 1004 Abs. 1 S. 1 BGB gewährt dem Eigentümer einen Abwehranspruch, sofern die Eigentumsbeeinträchtigung in anderer Weise als durch Entziehung oder Vorenthaltung erfolgt (dann greift ja § 985 BGB). Er gilt gleichermaßen für Mobilien und Immobilien.

Störungen im Sinne der Vorschrift können so etwa das unbefugte Betreten des Grundstücks oder Immissionen sein, die von einem Nachbargrundstück ausgehen. Anspruchsgegner ist der Störer (Handlungs- oder Zustandsstörer). Die Störung, d.h. nicht die Handlung, sondern der störende Zustand muss gemäß § 1004 Abs. 2 BGB auch rechtswidrig sein, d.h. für den Eigentümer darf keine Duldungspflicht, etwa aus den nachbarrechtlichen Vorschriften gemäß §§ 906ff. BGB bestehen. Es besteht danach gegenüber Immissionen eine Duldungspflicht des Eigentümers trotz Beeinträchtigung, wenn sie gemäß § 906 BGB zulässig sind. Zulässig sind insbesondere unwesentliche Einwirkungen, wobei sich die Wesentlichkeit nach dem Empfinden des normalen Durchschnittsmenschen im Hinblick auf Natur und Zweckbestimmung des Grundstücks richtet. Gleichgestellt sind wesentliche Beeinträchtigungen durch ortsübliche Benutzung und zwar dann, wenn die ortsübliche Einwirkung nicht durch wirtschaftlich zumutbare Maßnahmen verhindert werden kann. In diesem Fall kann der Duldungspflichtige aber gemäß § 906 Abs. 2 S. 2 BGB eine angemessene Entschädigung (Ausgleich - keinen Schadensersatz!) in Geld verlangen.

Da § 1004 Abs. 1 S. 1 BGB dem Eigentümer Abhilfe gegen eine noch fortbestehende Beeinträchtigung seines Eigentums ermöglichen soll, setzt er anders als der Schadensersatzanspruch nach § 823 Abs. 1 BGB kein Verschulden des Handlungs- oder Zustandsstörers voraus.

Ergänzend gewährt § 1004 Abs. 1 S. 2 BGB dem Eigentümer sogar die Möglichkeit, künftige Beeinträchtigungen zu verhindern. Dies setzt voraus, dass eine Wiederholungs- oder unmittelbare Erstbegehungsgefahr besteht.

C. Besitz

Anders als das dingliche Eigentumsrecht ist der Besitz kein Recht, sondern bezeichnet das tatsächliche Verhältnis der Gewalt über eine Sache (§ 854 Abs. 1 BGB), das von einem (natürlichen – d.h. Geschäftsfähigkeit ist nicht erforderlich) Besitzwillen getragen sein muss. Der Besitz als tatsächliche Herrschaft über die Sache ist deshalb von der Besitzberechtigung, dem oben unter lit. B. I. dargestellten Recht zum Besitz, völlig unabhängig.

Der Besitz beschreibt nur den Zustand der tatsächlichen Herrschaftsmacht, so dass auch etwa ein Dieb Besitzer gemäß § 854 Abs. 1 BGB sein kann. Voraussetzung hierfür ist immer, dass die tatsächliche Sachherrschaft von einem natürlichen Besitzwillen, die Sache als eigene innehaben zu wollen, getragen wird (dazu ausführlich und differenzierend *Wilhelm*, Sachenrecht, 3. Aufl. 2007, Rn. 453ff.). Der natürliche Wille ist nur auf die Tatsache der Sachherrschaft bezogen gerade kein rechtsgeschäftlicher Wille, er erfordert lediglich die Fähigkeit zur tatsächlichen Willensbildung, die auch Kleinkindern zuzubilligen ist. Der Besitzwille muss dabei nicht immer zwangsweise auf eine konkrete Sache gerichtet sein, sondern es genügt ein generalisierter Besitzwille, für alle Sachen, die in den Herrschaftsbereich einer Person gelangt sind. So hat der Besitzer einer Wohnung regelmäßig Besitzwillen in Bezug auf alle Gegenstände, die sich in der Wohnung befinden oder dahin gelangen, da sie seiner abgeschlossenen Obhut unterliegen.

I. Besitzdiener

Nicht Besitzer sind deshalb gemäß § 855 BGB die Besitzdiener. Obwohl sie bei erster Anschauung tatsächliche Sachherrschaft über die Sache haben, fehlt ihnen der natürliche Besitzwille, die Sache als eigene innehaben zu wollen. Besitzdiener sind Personen in sozialen Abhängigkeitsverhältnissen. Solche sind gekennzeichnet durch Weisungsgebundenheit und führen so zu einer faktischen Eingliederung unter den Weisungsberechtigten. Besitzer nach § 854 Abs. 1 BGB ist in diesen Fällen allein der Weisungsberechtigte als Besitzherr. Der Besitz wird somit nicht demjenigen, der die

Sache körperlich innehat, sondern einer anderen Person zugeordnet. Nur diese kann deshalb auch Anspruchsgegner eines Herausgabeverlangens nach § 985 BGB sein.

II. Mittelbarer Besitz

Mittelbarer Besitz nach § 868 BGB ist anzunehmen, wenn eine Person die tatsächliche Sachherrschaft über eine Sache innehat, aber die Sache nicht als eigene innehaben, sondern Besitzmittlungswille für einen anderen hat, für den mittelbaren Besitzer die Sache innehaben will. Der unmittelbare Besitzer vermittelt Besitz für seinen „Hintermann", den mittelbaren Besitzer. Es liegt dann ein sog. Besitzmittlungsverhältnis vor, das aber im Gegensatz zur Besitzdienerschaft nicht in einem sozialen Abhängigkeitsverhältnis besteht.

III. Funktion und Schutz des Besitzes

Eine wesentliche Funktion nimmt der Besitz, besser die Besitzverschaffung, bei der Übereignung beweglicher Sachen gemäß § 929 S. 1 BGB als Publikationsmerkmal ein, wonach die Sache übergeben werden muss. Nach § 1006 Abs. 1 S. 1 BGB wird daher (widerleglich) vermutet, dass der Besitzer einer beweglichen Sache auch deren Eigentümer ist. So kann der Besitz als Rechtsscheinträger des gutgläubigen Erwerbs einer beweglichen Sache dienen (dazu sogleich mehr).

Unabhängig von der Besitzberechtigung wird im Interesse des Rechtsfriedens auch der Besitz vor gewaltsamen Eingriffen Dritter, nämlich gegen verbotene Eigenmacht nach § 858 Abs. 1 u. 2 BGB geschützt. Hiergegen gewährt das Gesetz dem Besitzer in § 859 Abs. 1 BGB ein Abwehrrecht, die Besitzwehr, ein Recht auf unmittelbare Wegnahme, Besitzkehr gemäß § 859 Abs. 2 BGB, sowie einen Anspruch auf Wiedereinräumung des Besitzes gemäß § 861 Abs. 1 BGB und Beseitigung der Besitzstörung gemäß § 862 Abs. 1 BGB, bei mittelbarem Besitz mit den Modifikationen nach § 869 BGB. Die Verjährung dieser Ansprüche ist in § 864 BGB geregelt.

D. Trennung zwischen schuldrechtlicher Verpflichtung und sachenrechtlicher Verfügung

I. Verpflichtungs- und Verfügungsgeschäft

Das BGB trennt historisch auf *Savigny* zurückgehend als eine Besonderheit des deutschen Rechts (anders etwa Art. 1583 des Code Civil in Frankreich) zwischen Verpflichtungs-

und Verfügungs(rechts)geschäften (sog. Trennungsprinzip) (ausführlich dazu *Wilhelm*, Sachenrecht, 3. Aufl. 2007, Rn. 24ff.). Verträge wie Kauf-, Miet- oder ähnliche Verträge begründen eine Verpflichtung des Schuldners, etwas an den Gläubiger zu leisten. Es wird ein schuldrechtliches Band zwischen Schuldner und Gläubiger geschaffen. Ein wirksam zustandegekommener Kaufvertrag ändert beispielsweise noch nichts an dem Eigentum an der Kaufsache. Der Käufer erhält nur einen Anspruch auf Übergabe und Übereignung der Sache, vgl. § 433 Abs. 1 BGB. Die Wirksamkeit eines Kaufvertrags ist auch unabhängig davon, ob der Verkäufer tatsächlich Eigentümer der Ware ist. Verpflichten kann man sich, wozu man will (es gibt Ausnahmen!). Wenn der Verkäufer dann den Vertrag nicht erfüllen kann, macht er sich unter Umständen schadensersatzpflichtig.

Damit sich auch die Rechtslage des Gegenstands unmittelbar ändert, bedarf es nach dem BGB eines weiteren Rechtsgeschäfts, des Verfügungsgeschäfts. Durch das Verfügungsgeschäft wird ein Recht (z.B. das Eigentum) übertragen, aufgehoben, belastet oder geändert. Die Regelungen über Verfügungsgeschäfte befinden sich hauptsächlich im Sachenrecht (Drittes Buch des BGB). Wichtige Beispiele von Verfügungen: Übertragung von Eigentum an beweglichen Sachen, §§ 929ff. BGB, und die Übertragung von Grundeigentum, §§ 925, 873 Abs. 1 BGB.

II. Abstraktionsprinzip

Das Abstraktionsprinzip beruht auf dem Trennungsprinzip und stellt in der Sache die Frage, ob und wie sich die Unwirksamkeit des kausalen Verpflichtungsgeschäfts auf die Wirksamkeit des dazugehörigen Verfügungsgeschäfts auswirkt. Wirtschaftlich gesehen bilden Verpflichtungs- und Verfügungsgeschäft eine Einheit, da das Verfügungsgeschäft in der Regel vorgenommen wird, um die Verpflichtung zu erfüllen. Rechtlich trennt das BGB die Wirksamkeit der beiden Geschäfte wieder: Wenn Verpflichtungs- und Verfügungsgeschäft durchgeführt wurden und das Verpflichtungsgeschäft aus irgendwelchen Gründen unwirksam ist, lässt dies die Wirksamkeit des Verfügungsgeschäft grundsätzlich unberührt. Vielmehr sind beide Rechtsgeschäfte getrennt und unabhängig (abstrahiert) voneinander auf ihre Wirksamkeit zu überprüfen.

Dies bezeichnet man als das Abstraktionsprinzip. Das Verständnis des Abstraktionsprinzips ist unverzichtbar!

Bsp.: A und B schließen einen Kaufvertrag über ein Auto ab. Am Dienstag übergibt und übereignet A dem B das Auto. Später stellt sich heraus, dass A am Montag bei Vertragsabschluss vorübergehend in seiner Geistestätigkeit gestört war.

Der Kaufvertrag ist nicht zustande gekommen, da die WE des A am Montag wegen § 105 Abs. 2 BGB nichtig war. Die Übereignung am Dienstag ist aber wirksam, da A am Dienstag nicht in seiner Geistestätigkeit gestört war. Folge: B ist Eigentümer des Autos.

Der Grund für diese Lösung ist, dass der Gesetzgeber den Verkehr vereinfachen will. Wenn eine Sache mehrmals verkauft wird und sich später herausstellt, dass der erste Kaufvertrag unwirksam war, würde dies zu einer Reihe von Problemen bei den weiteren Verfügungen über die Sache führen (z.B. bei der Eigentumsübertragung von B auf C und diesem wiederum auf D). Das Abstraktionsprinzip sorgt dafür, dass bei Mängeln des Verpflichtungsgeschäfts Rechtsfolgen nur im Verhältnis der Vertragsparteien ausgelöst und grundsätzlich Rechtsbeziehungen zu Dritten nicht betroffen werden, auch wenn im Beispielsfall A einen bereicherungsrechtlichen Herausgabeanspruch gegen B hat (B und C hätten als Berechtigte über das Eigentum am Auto verfügt).

III. Die Übereignung

Das wichtigste Verfügungsgeschäft ist die Übereignung. Durch sie wird das Eigentum an einer Sache übertragen. Je nachdem ob eine bewegliche oder eine unbewegliche Sache übertragen werden soll, ist die Übereignung anders geregelt.

1. Die Übereignung von beweglichen Sachen (Mobilien)

Die Übereignung von beweglichen Sachen richtet sich nach den §§ 929-931 BGB. Den Grundfall bilden §§ 929 S.1, 854 BGB. Danach sind zum Eigentumserwerb erforderlich:

a) Die Einigung zwischen den Parteien, dass das Eigentum übergehen soll. Diese Einigung ist ein Vertrag und richtet sich nach den Regeln des Allgemeinen Teils des BGB.

b) Die Übergabe der Sache. Der Erwerber muss Besitz an der Sache erlangen, vgl. dazu § 854 BGB.

c) Weiterhin ist erforderlich, dass der Verfügende (derjenige, der das Eigentum übertragen will) Verfügungsmacht hat, d.h. auch Eigentümer der Sache ist oder mit Einwilligung des Eigentümers handelt (§ 185 BGB). Wenn diese Voraussetzungen erfüllt sind, geht das Eigentum an einer Mobilie über.

a) Andere mögliche Formen der Übereignung

Ist der Erwerber des Eigentums bereits im Besitz der Sache, so besteht kein Bedarf für eine Übergabe. Daher lässt § 929 S. 2 BGB in diesem Fall die bloße (auch antizipierte) Einigung über den Eigentumsübergang genügen.

Möglich ist nach § 930 BGB auch, dass der Veräußerer im Besitz der Sache bleibt, gleichwohl aber das Eigentum auf den Erwerber übergeht. Anstatt der Übergabe nach § 929 S.1 BGB müssen die Parteien dann ein Besitzkonstitut derart vereinbaren, dass der Erwerber mittelbaren Besitzes erwirbt (zum mittelbaren Besitz siehe oben unter C.II.). Wichtigster Fall für die Übereignung nach § 930 BGB ist die Sicherungsübereignung, die im Wirtschaftsleben weitestgehend die Verpfändung einer beweglichen Sache als Kreditsicherheit abgelöst hat (dazu unten mehr).

Bei einer Übergabe nach § 931 BGB schließlich ist ein Dritter im Besitz der Sache, die veräußert werden soll. Die Sache wird hier durch Einigung und Abtretung des Herausgabeanspruchs nach § 931 BGB übereignet, wobei die Abtretung des Herausgabeanspruchs die Übergabe nach § 929 S. 1 BGB surrogiert.

Ist der Veräußerer mittelbarer Besitzer der zu übereignenden Sache, so erfolgt die Eigentumsübertragung durch die Abtretung des Herausgabeanspruchs, der das Besitzkonstitut (s.o.) begründet. Damit geht nach § 870 BGB der mittelbare Besitz auf den Erwerber über. Problematisch ist die Situation, wenn der Veräußerer keinen mittelbaren Besitz an der Sache hat, sondern ihm nur die rei vindicatio gegen den Dritten gemäß § 985 BGB zusteht. Dieser Anspruch soll nach h.M. nicht selbständig abtretbar sein, da er erst eine Folge des Eigentums ist, dieses damit voraussetzt und deshalb nicht begründen kann. Dennoch soll auch in diesem Fall eine Übereignung der Sache möglich, ausnahmsweise die bloße Einigung ausreichend sein.

b) Gutgläubiger Erwerb vom Nichtberechtigten

Das Gesetz unterscheidet die Erwerbstatbestände des gutgläubigen Erwerbs vom Nichtberechtigten nahezu parallel zu denjenigen beim Erwerb vom Berechtigten gemäß §§ 929 – 931 BGB.

Gutgläubiger Erwerb vom Nichtberechtigten durch Einigung und Übergabe gemäß § 932 Abs.1 BGB ist möglich, wenn der Erwerber sich im guten Glauben an das Eigentum des Veräußerers befand. Er muss stets bis zur Vollendung des Erwerbsgeschäfts vorliegen. Der gute Glaube wird nach dem Wortlaut des Gesetzes vermutet ("...es sei denn, dass..."), d.h. die Beweislast für das Fehlen des guten Glaubens trägt der Eigentümer der Sache, der den Rechtserwerb angreift. Guter Glaube an das Eigentum des Veräußerers liegt nach § 932 Abs. 2 BGB immer dann nicht vor, wenn der Erwerber den Mangel des Eigentums kennt oder infolge grober Fahrlässigkeit nicht kennt. Bei einer Verfügung eines Dritten mit einer Einwilligung oder Genehmigung des Nichtberechtigten nach § 185 Abs. 1 o. 2 BGB soll es nach h.M. ausreichen, wenn der Erwerber an das Eigentum des Dritten glaubt und dieser mit der Verfügung einverstanden ist. Denn dann beziehe sich der gute Glaube nicht nur auf die Verfügungsbefugnis des eigentlichen Veräußerers, sondern primär auf das Eigentum des Dritten. (*Wilhelm*, Sachenrecht, 3. Aufl. 2007, Rn. 925).

Bei der Übereignung nach § 929 S. 2 BGB ist ein gutgläubiger Erwerb vom Nichtberechtigten nach § 932 Abs. 1 S. 2 BGB möglich, wenn der Erwerber vor der "Übereignung" den Besitz vom Veräußerer erlangt hatte.

Für einen gutgläubigen Erwerb nach § 933 BGB reicht die Begründung des Besitzkonstituts mit dem Nichtberechtigten alleine noch nicht zum Eigentumserwerb aus, die Sache muss dem Erwerber auch übergeben werden. Der Veräußerer muss jegliche Besitzstellung aufgeben und der Erwerber neuen (ausreichend mittelbaren) Besitz auf Veranlassung des Veräußerers erhalten.

Beim gutgläubigen Erwerb nach § 934 BGB sind ebenso wie für den zugrunde liegenden Erwerbstatbestand des § 931 BGB zwei Fälle zu unterscheiden. Ist der Veräußerer mittelbarer Besitzer, so findet gemäß § 934, 1. Alt. BGB der gutgläubige Erwerb bereits dann statt, wenn er seinen mittelbaren Besitz (nach § 870 BGB durch Abtretung des Herausgabeanspruches) auf den Erwerber überträgt. Ist der Veräußerer hingegen nicht mittelbarer Besitzer, so genügt gemäß § 934, 2. Alt. BGB die Abtretung des Herausgabeanspruchs alleine nicht, vielmehr muss auch hier der Erwerber wie bei § 933 BGB den (wenigstens mittelbaren) Besitz der Sache erlangen. Dieser Besitzerwerb muss auch auf Grund der Veräußerung geschehen, die zufällige Besitzerlangung genügt nicht.

Nach § 935 Abs. 1 BGB ist der gutgläubige Erwerb beweglicher Sachen nach §§ 932 - 934 BGB jedoch ausgeschlossen, wenn die Sache dem ursprünglichen Eigentümer abhanden gekommen ist und nicht ein Ausnahmefall des § 935 Abs. 2 BGB vorliegt.

2. Die Übereignung von Grundstücken (Immobilien)

Die Eigentumsübertragung an Grundstücken ist etwas anders geregelt. Gemäß §§ 925, 873 BGB ist dazu erforderlich:

a) Wiederum die Einigung der Parteien, dass das Eigentum übertragen werden soll. Diese Einigung wird bei Grundstücken als Auflassung bezeichnet. Sie ist gemäß § 925 Abs. 1 S. 2 BGB vor einem Notar zu erklären.

b) Die Eigentumsänderung muss ins Grundbuch eingetragen werden. Die Grundbucheintragung erfüllt den gleichen Zweck wie die Besitzübertragung bei Mobilien: Sie ist das Verlautbarungsmittel, d.h., dass daran erkannt werden kann, wer Eigentümer ist. Bei beweglichen Sachen knüpft der gutgläubige Erwerb deshalb als Rechtsscheinträger an den Besitz, bei Immobilien dagegen an das Grundbuch an, vgl. §§ 892f. BGB.

c) Natürlich ist auch wieder die Verfügungsmacht erforderlich. Auch hier aber ist gutgläubiger Erwerb vom Nichtberechtigten nach §§ 892f. BGB möglich.

IV. Durchbrechungen des Abstraktionsprinzips

Unter dem Stichwort Durchbrechungen wird diskutiert, ob es in einigen Fällen Ausnahmen vom Abstraktionsprinzip gibt (z.B. bei Sittenwidrigkeit des Verpflichtungsgeschäfts) oder über § 139 BGB die Anwendung durchbrochen werden kann, wenn Verpflichtungs- und Verfügungsgeschäft nach dem Parteiwillen ein einheitliches Rechtsgeschäft bilden.

Danach ergibt sich folgender Überblick:

Trennungs- und Abstraktionsprinzip

Das Verpflichtungsgeschäft begründet eine Verpflichtung (§ 241 BGB) und schafft einen Rechtsgrund für die Erfüllung einer Verbindlichkeit.

Beispiel: Kaufvertrag

Nach § 433 Abs.1 BGB erwirbt der Käufer durch die Verpflichtung des Verkäufers einen Anspruch auf Übergabe und Eigentumsverschaffung an der Sache. Er erwirbt aber noch nicht das Eigentum an der Sache (Trennungsprinzip).

Trennungsprinzip: Das Verpflichtungs- und das Verfügungsgeschäft sind selbständige Rechtsgeschäfte.

Das Verfügungsgeschäft bewirkt die unmittelbare Veränderung des betroffenen Rechts, durch Übertragung, Aufhebung, Belastung oder Inhaltsänderung.

Beispiel: Eigentumsübertragung

Nach § 929 S. 1 BGB erfolgt der Eigentumserwerb durch Einigung (dinglicher Vertrag) zwischen dem Eigentümer (hier: Verkäufer) und Erwerber (hier: Käufer) und Übergabe der Sache (Trennungsprinzip).

Abstraktionsprinzip: Die Wirksamkeit des Verfügungsgeschäfts ist unabhängig von der des Verpflichtungsgeschäfts.

Ist der Kaufvertrag unwirksam, ändert dies an dem Eigentumserwerb des Käufers nichts (Abstraktionsprinzip). Es fehlt dann aber der Rechtsgrund für die Übereignung und der Verkäufer kann die Rückübereignung der Sache vom Käufer fordern (§ 812 Abs. 1 S. 1, 1. Alt. BGB).

E. Dingliche Anwartschaften

I. Eigentumsvorbehalt und Anwartschaftsrecht bei Mobilien

Beim Eigentumsvorbehalt verbleibt gemäß § 449 Abs. 1 BGB im Zweifel dem Verkäufer bis zur vollständigen Kaufpreiszahlung das Eigentum an der Kaufsache. Die Übereignung an den Käufer steht somit unter der aufschiebenden Bedingung vollständiger Zahlung des Kaufpreises (§§ 929 S. 1, 158 Abs. 1 S. 1 BGB). Der Käufer erhält zunächst nur ein sog. Anwartschaftsrecht (dazu bitte lesen!: *Krüger*, Das Anwartschaftsrecht - ein Fascinosum, JuS 1994, 905), erst mit der Zahlung der letzten Rate geht das Eigentum auf ihn über. Da der Verkäufer Eigentümer bleibt, ist er auch bei einer evtl. Insolvenz des Käufers gesichert, da ihm hier ein Aussonderungsrecht gemäß § 47 InsO zusteht. Umgekehrt kommt der Käufer dem Erwerb des Vollrechts mit jeder Ratenzahlung näher. Zahlt er regelmäßig seine Raten, kann sein Erwerb grundsätzlich nicht mehr vereitelt werden. Sein ihm zustehendes Anwartschaftsrecht ist ein selbständiger Gegenstand des Rechtsverkehrs, über den er als wesensgleiches Minus zum Vollrecht bereits vorab analog §§ 929ff. BGB verfügen, den er analog §§ 1205ff. BGB als Sicherheit verwenden kann und der nach §§ 985, 1004 Abs. 1 BGB und § 823 Abs. 1 BGB geschützt ist.

Bei einem verlängerten Eigentumsvorbehalt vereinbaren die Parteien, dass wie beim einfachen Eigentumsvorbehalt das Eigentum an der Kaufsache unter der aufschiebenden Bedingung der vollständigen Kaufpreiszahlung gemäß §§ 929, 158 Abs. 1 S. 1 BGB auf den Käufer übergeht. Darüber hinaus ermächtigt der Verkäufer den Käufer, die Sache jedoch bereits sogleich im Rahmen eines ordnungsgemäßen Geschäftsbetriebs weiter zu veräußern (§§ 929, 185 Abs. 1 BGB). Den aus der Weiterveräußerung stehenden Anspruch auf Kaufpreiszahlung tritt der Käufer als Sicherheit im Voraus an den Vorbehaltsverkäufer ab. Die Kaufpreisforderung zieht regelmäßig der Vorbehaltskäufer für den Vorbehaltsverkäufer ein und leitet sie dann soweit sie ihm zusteht an ihn weiter.

II. Die Vormerkung bei Immobilien

Zwischen dem schuldrechtlichen Vertrag, der die Verpflichtung zur Übertragung eines Grundstückrechts – paradigmatisch ist hier die Übertragung des Eigentums durch Auflassung (s.o.) - enthält und der späteren Rechtsänderung selbst liegt zumeist ein längerer Zeitraum, nicht zuletzt deshalb, weil die Eintragung in das Grundbuch erfolgen muss, die häufig mehrere Wochen, sogar Monate dauern kann. Bis zur Eintragung ist der Eigentümer bzw. Rechtsinhaber nicht daran gehindert, anderweitig über sein Recht zu verfügen. Dem Erstkäufer verbliebe bei Vollzug gegenüber einem Dritten nur ein Anspruch auf Schadensersatz nach §§ 437 Nr. 3, 280 Abs. 1 u. 3, 283 BGB. Seinen Anspruch auf Eigentumsverschaffung gemäß § 433 Abs. 1 BGB könnte er nicht mehr durchsetzen. Von der h.M. wird deshalb entsprechend der Regelung des § 449 Abs. 1 BGB für den Vorbehaltskäufer auch ein Anwartschaftsrecht des Auflassungsempfängers beim Grundstückskauf angenommen. Jedoch wird sein Sicherungsinteresse bereits durch das Gesetz geschützt, sodass es der Annahme einer solchen Rechtsfigur unabhängig davon, ob sie rechtsdogmatisch überhaupt möglich ist, nicht bedarf (siehe dazu *Wilhelm*, Sachenrecht, 3. Aufl. 2007, Rn. 845f.).

Denn gemäß § 883 Abs. 1 S. 1 BGB kann zur Sicherung des schuldrechtlichen Anspruch auf dingliche Rechtsänderung, etwa für den Anspruch aus dem Kaufvertrag auf Übereignung des Grundstücks eine Vormerkung im Grundbuch eingetragen werden. Die Eintragung der Vormerkung führt gemäß § 883 Abs. 2 S. 1 BGB dazu, dass eine Verfügung des Schuldners gegenüber dem gesicherten Anspruch unwirksam ist, soweit sie diesen vereitelt oder beeinträchtigen würden. Diese begrenzte Unwirksamkeit gilt somit nur zugunsten des Anspruchsinhabers und führt dazu, dass er gemäß § 888 Abs. 1 BGB einen Anspruch auf Zustimmung zur Eintragung oder Löschung des die Verwirklichung seines Anspruchs vereitelnden Rechts hat. Stimmt der Dritte nicht zu, ersetzt ein Urteil gemäß § 894 ZPO die nicht abgegebene Willenserklärung.

Eine Vormerkung kann aufgrund einer Eintragungsbewilligung des Berechtigten erfolgen oder aufgrund einstweiliger Verfügung (§ 935 ZPO). Die Vormerkung ist streng akzessorisch, d.h. Entstehung, Inhalt, Fortbestand und Durchsetzung hängen von der Existenz des zu sichernden Anspruchs ab. Diese Akzessorietät ist in besonderer Weise Ausdruck der Sicherungsfunktion der Vormerkung. Mit der Zession des gesicherten Anspruchs gemäß § 398 S. 1 BGB geht die Vormerkung analog § 401 Abs. 1 BGB auf den Zessionar über, der insoweit einen Grundbuchberichtigungsanspruch gemäß § 894 BGB gegen den Zedenten hat.

F. Das Pfandrecht

Nicht immer soll das Vollrecht, sondern nach jeweiligem Zweck des Rechtsgeschäfts nur eine beschränkte Zuordnung übertragen werden (beschränkt dingliches Recht). Das Gesetz sieht für den Einsatz einer beweglichen Sache als Kreditsicherheit in § 1204 Abs. 1 BGB das Pfandrecht vor. Dasselbe gilt gemäß § 1273 Abs. 1 BGB für den Einsatz von Forderungen. Der Sicherungsnehmer erwirbt damit die Rechtsposition, im Sicherungsfall Befriedigung aus der Sache bzw. der Forderung zu suchen. Der Sicherungszweck kommt auch für das Pfandrecht durch seine Akzessorietät zum Ausdruck (siehe etwa § 1210 Abs. 1 BGB oder § 1252 BGB).

I. Bestellung und Übertragung des Pfandrechts

Die Bestellung des Pfandrechts erfolgt gemäß § 1205 Abs. 1 S. 1 BGB durch Einigung und Übergabe; daher spricht man auch vom Faustpfand. Sie ist Verfügungsgeschäft, durch das nicht das Vollrecht (Eigentum) übertragen, sondern für den Pfandgläubiger die in § 1204 Abs. 1 S. 1 BGB benannte Rechtsposition an der Pfandsache begründet wird. Das Pfandrecht ist deshalb ein beschränkt dingliches Recht. Der Verpfänder muss zur Pfandrechtsbestellung auch berechtigt, also entweder selbst Eigentümer der Pfandsache oder zur Bestellung vom Eigentümer gemäß § 185 Abs. 1 BGB ermächtigt worden sein. Das Pfandrecht kann sowohl vom Schuldner als auch von einem Dritten als Sicherungsgeber gestellt werden. Das Pfandrecht kann als akzessorisches Sicherungsrecht gemäß § 1250 S. 1 BGB nur durch die Zession des gesicherten Anspruchs gemäß § 398 S. 1 BGB übertragen werden. Ein gutgläubiger Erwerb ist sowohl bei originärem als auch bei derivativem Erwerb möglich, §§ 1207f. BGB und § 1244 BGB.

II. Methodischer Exkurs: Die Grundstruktur des sachenrechtlichen Verfügungsgeschäfts

Der Rechtserwerb durch Rechtsgeschäft, also durch Verfügung, offenbart immer wieder dieselbe Struktur. Die Übereignung einer beweglichen Sache erfolgt gemäß § 929 S. 1 BGB durch Einigung, also einen dinglichen Vertrag, und Übergabe der Sache als Realakt. Die Übereignung eines Grundstücks erfolgt gemäß § 873 Abs. 1 BGB durch Einigung, dinglicher Vertrag in Form der Auflassung nach § 925 S. 1 BGB, und Eintragung in das Grundbuch als Realakt.

Die Publizität der Verfügung wird so bei beweglichen Sachen durch die Besitzübertragung, bei Grundstücken durch Eintragung im Grundbuch gewährt. Zwar darf grundsätzlich nur eine Person wirksam verfügen, die selbst Inhaberin des Rechts ist, so dass sich für jede Verfügung folgendes Prüfungstrias ergibt:

1. **Einigung**

2. **Realakt**

3. **Berechtigung**

Wegen der Publizität ist zum Verkehrsschutz im Geschäftsverkehr jedoch der Erwerb vom Nichtberechtigten möglich. Die fehlende Berechtigung wird dann durch guten Glauben aus dem Rechtsscheinträger substituiert. Bei fehlender Berechtigung ist also immer noch zu prüfen:

4. Rechtsschein

Nicht nur die Struktur der Verfügung, sondern auch die des gutgläubigen Erwerbs ist also immer dieselbe!

Die Übertragung von Forderungen durch Zession gemäß § 398 S. 1 BGB ist gleichfalls eine Verfügung, eben über die Forderung. Grundsätzlich ist hier kein Realakt erforderlich, sodass es auch keinen Rechtsscheinträger gibt. Grundsätzlich gibt es deshalb auch keinen gutgläubigen Erwerb vom Nichtberechtigten (siehe aber § 405 BGB).

Auch die Bestellung des Pfandrechts folgt dieser Struktur aller Verfügungen, indem neben der Einigung über die Bestellung des Pfandrechts und die Übergabe der Pfandsache die Berechtigung des Pfandbestellers erforderlich ist. Da es hier wieder einen Rechtsscheinträger gibt, ist auch gutgläubiger Erwerb möglich. Nichts anderes gilt hier vorgreifend auch für die Grundpfandrechte Hypothek und Grundschuld, die gemäß §§ 1113 Abs. 1, 873 Abs. 1 BGB bzw. §§ 1192 Abs. 1, 1113 Abs. 1, 873 Abs. 1 BGB durch Einigung und Eintragung ins Grundbuch bestellt werden, durch den Realakt gutgläubigen Erwerb ermöglichen.

III. Verwertung der Pfandsache

Im Sicherungsfall (Pfandreife), der gemäß § 1228 Abs. 2 S. 1 BGB mit der Fälligkeit der gesicherten Forderung eintritt, erfolgt die Befriedigung des Gläubigers gemäß § 1228 Abs. 1 BGB durch Verkauf der Sache. Der Verkauf kann als privater Pfandverkauf durch öffentliche Versteigerung (§§ 1233 Abs. 1, 1235 Abs. 1 BGB) oder durch freihändigen Verkauf (§§ 1235 Abs. 2, 1221 BGB) oder durch Verkauf nach den Vorschriften der ZPO (§ 1233 Abs. 2 BGB i.V.m. §§ 814ff. ZPO) erfolgen. Der Gläubiger erhält den Erlös, soweit er für seine Befriedigung erforderlich ist. Möglich ist auch, dass der Gläubiger mit einem Titel über die Forderung in die Pfandsache vollstreckt (§§ 806ff. ZPO). Bei einem Pfandrecht an Rechten ist zwischen Geldforderungen und anderen Forderungen zu unterscheiden. Praktische Bedeutung hat der Fall der Verwertung von Geldforderungen, die gemäß § 1282 Abs. 1 BGB durch Einziehung bei dem Schuldner der verpfändeten Forderung erfolgt. Im anderen Fall bedarf es gemäß § 1277 S. 1 BGB zur Befriedigung der Zwangsvollstreckung aus einem vollstreckbaren Titel.

1. Geringe Bedeutung in der Praxis

Dass beim Pfandrecht an Mobilien notwendig die Übergabe der Pfandsache (Faustpfand), bei Forderungen gemäß § 1280 BGB die Anzeige der Verpfändung an den Schuldner der verpfändeten Forderung erforderlich ist, wird vom Rechtsverkehr als hinderlich empfunden. Gerade eine Verpfändung von Gegenständen des Betriebsvermögens ist wegen des Übergabeerfordernisses unmöglich. In der Praxis haben sich deshalb zur Kreditsicherung mit Mobilien die Sicherungsübereignung und der Eigentumsvorbehalt, mit Forderungen die Sicherungszession durchgesetzt.

2. Exkurs: Sicherungsübereignung und Eigentumsvorbehalt

Bei der Sicherungsübereignung, die gerade den Vorteil bringen soll, dass das Sicherungsgut bei dem Sicherungsgeber verbleiben kann, erfolgt die Sicherheitenbestellung durch die Übereignung der Sache nach §§ 929 S. 1, 930 BGB, durch Einigung und Vereinbarung eines Besitzmittlungsverhältnisses. Das Besitzmittlungsverhältnis, bei den der Sicherungsgeber unmittelbarer Besitzer der Sache bleibt (§ 854 Abs. 1 BGB) und der Sicherungsnehmer mittelbaren Besitz gemäß § 868 BGB erhält, ergibt sich dabei jedenfalls konkludent aus dem geschlossenen Sicherungsvertrag. Der Sicherungsvertrag verpflichtet den Sicherungsgeber zur Bestellung der Sicherheit, legt den Sicherungsgegenstand fest und trifft häufig Regeln über die Art und Weise der Verwertung des Sicherungsgutes im Sicherungsfall.

Der Gläubiger wird formal uneingeschränkt Eigentümer des Sicherungsgutes. Anders als das Pfandrecht ist die Sicherungsübereignung damit nicht akzessorisch. Der Gläubiger wird aber durch die Sicherungsabrede in seinen Rechten aus der Eigentümerstellung gebunden. So darf er das Sicherungsgut nur im Sicherungsfall nach § 985 BGB vom Sicherungsgeber herausverlangen und verwerten. Vorher steht dem Sicherungsgeber aus der Sicherungsabrede ein Recht zum Besitz gemäß § 986 S. 1 BGB zu. Ist das Darlehen vollständig getilgt, ist der Gläubiger und Sicherungsnehmer verpflichtet, das Sicherungsgut bei Personenidentität an den Schuldner anderenfalls den Sicherungsgeber zurück zu übereignen, sofern nicht bereits die Sicherungsabrede den automatischen Rückfall des Eigentums vorsieht.

Bei Sicherungsübereignung und Eigentumsvorbehalt wird das Eigentum und somit das Vollrecht an der Sache übertragen bzw. vorbehalten. Da der Sicherungsnehmer also „mehr" erhält, als ihm eigentlich zusteht, und so die zur Sicherheit übereignete Sache Gefahren zulasten des Sicherungsgebers ausgesetzt wird, wird zum Teil in der Literatur gefordert, die Sicherungsübereignung generell den Vorschriften des Pfandrechts zu unterstellen (*Wieling*, Sachenrecht, Bd. 1, 2. Aufl. 2006, S. 828). Diese Ansicht hat sich jedoch nicht durchsetzen können. Vielmehr wird die Sicherungsübereignung wesentlich mit den Vorschriften zur Eigentumsübertragung erfasst (Staudinger/*Kessal-Wulf*, Eckpfeiler des Zivilrechts, 3. Aufl. 2011, K Rn. 69f.).

a) Sicherungsübereignung

Bei der Sicherungsübereignung, die gerade den Vorteil bringen soll, dass das Sicherungsgut bei dem Sicherungsgeber verbleiben kann, erfolgt die Sicherheitenbestellung durch die Übereignung der Sache nach §§ 929 S. 1, 930 BGB, durch Einigung und Vereinbarung eines Besitzmittlungsverhältnisses. Das Besitzmittlungsverhältnis, bei den der Sicherungsgeber unmittelbarer Besitzer der Sache bleibt (§ 854 Abs. 1 BGB) und der Sicherungsnehmer mittelbaren Besitz gemäß § 868 BGB erhält, ergibt sich jedenfalls konkludent aus dem geschlossenen Sicherungsvertrag. Der Sicherungsvertrag verpflichtet den Sicherungsgeber zur Bestellung der Sicherheit, legt den Sicherungsgegenstand fest und trifft häufig Regeln über die Art und Weise der Verwertung des Sicherungsgutes im Sicherungsfall.

Der Gläubiger wird formal uneingeschränkt Eigentümer des Sicherungsgutes. Anders als das Pfandrecht ist die Sicherungsübereignung damit nicht akzessorisch. Der Gläubiger wird aber durch die Sicherungsabrede in seinen Rechten aus der Eigentümerstellung gebunden. So darf er das Sicherungsgut nur im Sicherungsfall nach § 985 BGB vom Sicherungsgeber heraus verlangen und verwerten. Vorher steht dem Sicherungsgeber aus der Sicherungsabrede ein Recht zum Besitz gemäß § 986 S. 1 BGB zu. Ist das Darlehen vollständig getilgt, ist der Gläubiger und Sicherungsnehmer verpflichtet, das Sicherungsgut bei Personenidentität an den Schuldner anderenfalls den Sicherungsgeber zurück zu übereignen, sofern nicht bereits die Sicherungsabrede den automatischen Rückfall des Eigentums vorsieht.

aa) Bestimmtheitsgrundsatz

Auch bei der Sicherungsübereignung ist der sachenrechtliche Bestimmtheitsgrundsatz zu beachten. In der Praxis wird entsprechend dem Bedürfnis nach der Sicherungsübereignung häufig das Betriebsvermögen, unter Umständen auch das Umlaufvermögen, also vor allem das Warenlager als Sicherheit eingesetzt. Soll der gesamte Bestand erfasst werden, reicht die Bezeichnung des Lagers aus, um alle gegenwärtigen und künftigen Waren erfassen zu können (Raumsicherungsvertrag). Anderenfalls sind die einzelnen Waren bestimmt etwa in Warengruppen zu bezeichnen, eine allgemeine Erklärung etwa die Hälfte des Warenlagers ist nicht ausreichend (Staudinger/*Kessal-Wulf*, Eckpfeiler des Zivilrechts, 3. Aufl. 2011, K Rn. 84).

bb) Übersicherung

Gerade bei der Sicherungsübereignung des gesamten Warenlagers kann es dazu kommen, dass mit der ordnungsgemäßen Rückführung des Darlehen bei einer nur noch geringen Valutierung wegen der Nichtakzessorietät der Sicherungsübereignung eine nachträgliche Übersicherung des Darlehensgebers und Sicherungsnehmers eintritt.

b) Eigentumsvorbehalt

Beim Eigentumsvorbehalt verbleibt gemäß § 449 Abs. 1 BGB im Zweifel dem Verkäufer bis zur vollständigen Kaufpreiszahlung das Eigentum an der Kaufsache. Die Übereignung an den Käufer steht somit unter der aufschiebenden Bedingung vollständiger Zahlung des Kaufpreises (§§ 929 S. 1, 158 Abs. 1 S. 1 BGB). Der Käufer erhält zunächst nur ein sog. Anwartschaftsrecht (dazu bitte lesen!: *Krüger*, Das Anwartschaftsrecht - ein Faszinosum, JuS 1994, 905), erst mit der Zahlung der letzten Rate geht das Eigentum auf ihn über. Da der Verkäufer Eigentümer bleibt, ist er auch bei einer evtl. Insolvenz des Käufers gesichert, da ihm hier ein Aussonderungsrecht gemäß § 47 InsO zusteht. Umgekehrt kommt der Käufer dem Erwerb des Vollrechts mit jeder Ratenzahlung näher. Zahlt er regelmäßig seine Raten, kann sein Erwerb grundsätzlich nicht mehr vereitelt werden. Sein ihm zustehendes Anwartschaftsrecht ist ein selbständiger Gegenstand des Rechtsverkehrs über den er bereits vorab nach §§ 929ff. BGB verfügen kann und das ihn gemäß §§ 160f. BGB vor Zwischenverfügungen schützt (Staudinger/*Kessal-Wulf*, Eckpfeiler des Zivilrechts, 3. Aufl. 2011, K Rn. 77).

Der Eigentumsvorbehalt kann auch weitergehend in der Form vereinbart werden, dass er zur Sicherung nicht nur der Kaufpreisforderung für die Sache, sondern noch weiterer Forderungen dient. Der Eigentumserwerb des Käufers tritt dann nicht bereits mit der Kaufpreiszahlung, sondern erst ein, wenn er alle weiteren besicherten Forderungen ordnungsgemäß erfüllt hat (sog. erweiterter Eigentumsvorbehalt). Bezieht sich der Eigentumsvorbehalt auf alle Forderungen des Verkäufers aus der Geschäftsbeziehung mit dem Käufer, wird er als Kontokorrentvorbehalt bezeichnet.

c) Verlängerter Eigentumsvorbehalt

Bei einem verlängerten Eigentumsvorbehalt vereinbaren die Parteien, dass wie beim einfachen Eigentumsvorbehalt das Eigentum an der Kaufsache unter der aufschiebenden Bedingung der vollständigen Kaufpreiszahlung gemäß §§ 929, 158 Abs. 1 S. 1 BGB auf den Käufer übergeht. Darüber hinaus ermächtigt der Verkäufer den Käufer, die Sache jedoch bereits sogleich im Rahmen eines ordnungsgemäßen Geschäftsbetriebs weiter zu veräußern (§§ 929, 185 Abs. 1 BGB). Den aus der Weiterveräußerung entstehenden Anspruch auf Kaufpreiszahlung tritt der Käufer als Sicherheit im Voraus an den Vorbehaltsverkäufer ab (zur Abtretung siehe sogleich unter d). Die Kaufpreisforderung zieht regelmäßig der Vorbehaltskäufer für den Vorbehaltsverkäufer ein und leitet sie dann soweit sie ihm zusteht an ihn weiter.

d) Sicherungszession

Bei der Sicherungszession wird eine Forderung treuhänderisch zur Sicherung einer anderen Forderung abgetreten. Sie bildet die Parallele zur Sicherungsübereignung bei Mobilien. Das Gesetz sieht für die Verwendung einer Forderung als Sicherheit nur das das Pfandrecht vor (§ 1273 Abs. 1 BGB). Gemäß § 1280 BGB muss der Sicherungsgeber die Verpfändung zu deren Wirksamkeit zwingend dem Schuldner anzeigen. Da er aber eine solche Publizität in der Regel nicht will, hat die Praxis das Institut der Sicherungszession entwickelt. Eine Sicherungszession ist somit die Abtretung aufgrund einer kausalen Sicherungsabrede.

aa) Grundlagen der Abtretung

Die Abtretung ist die Verfügung über eine Forderung, indem gemäß § 398 S. 1 BGB die Forderung von dem Gläubiger durch Vertrag auf einen Dritten übertragen wird (Legaldefinition!). Sie ist also vom Verpflichtungsgeschäft zu unterscheiden. Es gilt auch hier das Trennungs- und das Abstraktionsprinzip.

(1) Tatsächliche Gläubigerstellung

Es können nur bestehende Forderungen abgetreten werden; der Gläubiger muss auch tatsächlich Inhaber der Forderung sein, da es im Unterschied zu Mobilien und Immobilien gemäß § 405 BGB nur ausnahmsweise bei Verbriefung einen gutgläubigen Erwerb von Forderungen gibt. Dies resultiert daraus, dass, wenn es an der Verbriefung fehlt, kein Rechtscheinträger wie der Besitz bei einer Mobilie oder der Grundbucheintrag bei einer Immobilie vorhanden ist, an den der gute Glaube anknüpfen könnte.

Es können auch künftige Forderungen abgetreten werden (sog. Vorausabtretung). Die Abtretung wird dann jedoch erst mit Entstehung der Forderung wirksam. Voraussetzung ist insbesondere, dass die abgetretene Forderung bestimmbar sein muss. Fehlt es hieran, geht die Abtretung ins Leere. Für die Vorausabtretung genügt entsprechend die Bestimmbarkeit der Forderung.

(2) Abtretungsvertrag

Der Abtretungsvertrag im Sinne des § 398 S. 1 BGB ist das Verfügungsgeschäft über die Forderung. Er kann grundsätzlich formfrei geschlossen werden (Beachte jedoch § 410 BGB: Der Schuldner ist zur Leistung nur gegen Vorlage einer Abtretungsurkunde verpflichtet, es sei denn, der bisherige Gläubiger hat dem Schuldner die Abtretung bereits schriftlich angezeigt.). Nach § 402 BGB trifft den bisherigen Gläubiger eine Auskunftspflicht über die Forderung, die bei der Abtretung etwa anwaltlicher Honorarforderungen ohne Zustimmung des Mandanten gegen berufliche Schweigepflichten mit strafrechtlichen Konsequenzen (§ 203 Abs. 1 StGB) verstoßen kann und deshalb gemäß § 134 BGB zur Nichtigkeit der Abtretung führt (Übersicht zu den einzelnen Berufsgruppen bei Palandt/*Ellenberger*, BGB, 70. Aufl. 2011, § 134 Rn. 22a).

Die Abtretung der Forderung ist darüber hinaus ausgeschlossen gemäß § 399, 1. Alt. BGB bei Inhaltsänderung oder gemäß § 399, 2. Alt. BGB bei einen bestehenden vertraglichen Abtretungsverbot, das häufig in Allgemeinen Geschäftsbedingungen vereinbart wird. Ferner kann gemäß § 400 BGB eine unpfändbare Forderung auch nicht abgetreten werden.

(3) Rechtsfolgen der Abtretung

Mit dem Abschluss eines wirksamen Abtretungsvertrages geht die Rechtsposition des Gläubigers (Zedent) gemäß § 398 S. 2 BGB auf den Dritten (Zessionar) über. Mit der Forderung gehen deshalb gemäß § 401 Abs. 1 BGB auch die an ihr bestehenden akzessorischen Sicherheiten auf den Zessionar über.

bb) Kollision zwischen Globalzession und verlängertem Eigentumsvorbehalt

In der Praxis hat häufig ein Unternehmer bei Existenzgründung mit seiner Bank bei einer hierfür erforderlichen Darlehensaufnahme zur Sicherheit im Voraus sämtliche Forderungen aus seinem Unternehmen abgetreten (Globalzession) Bei einem Lieferanten bezieht er Ware unter Vereinbarung eines verlängerten Eigentumsvorbehalts. Veräußert er nun die Waren weiter, kollidieren Globalzession und verlängerter Eigentumsvorbehalt in der Weise, dass sie grundsätzlich beide die entstehenden Kaufpreisforderungen erfassen würden.

Grundsätzlich gilt bei mehrfachen Abtretungen das Prioritätsprinzip. Danach ist mit der ersten wirksamen Abtretung der Forderung der Unternehmer nicht mehr Berechtigter an der Forderung und die zweite Abtretung geht ins Leere. Dies würde jedoch dazu führen, dass der Unternehmer Waren, die grundsätzlich nur unter verlängertem Eigentumsvorbehalt veräußert werden, nicht erwerben könnte, da er die erforderliche Sicherheit nicht bieten kann. Wollte er die Ware dennoch beziehen, müsste er seinem Lieferanten verschweigen, dass er durch Globalzession bereits sämtliche Forderungen an die Bank abgetreten hat. Nach der von *Flume* entwickelten Vertragsbruchtheorie, der sich auch der Bundesgerichtshof angeschlossen hat, wird der Unternehmer quasi von der Bank dazu verleitet, sich gegenüber seinen Lieferanten vertragswidrig zu verhalten, weshalb in diesem Fall die Globalzession bei Vereinbarung in Allgemeinen Geschäftsbedingungen gemäß §§ 307 Abs. 1, 306 Abs. 1 BGB, ansonsten gemäß § 138 Abs. 1 BGB nicht ist (grundlegend *Flume*, AT BGB, Bd. 2, Das Rechtsgeschäft, 4. Aufl. 1992, S. 386; Staudinger/*Kessal-Wulf*, Eckpfeiler des Zivilrechts, 3. Aufl. 2011, K Rn. 93). Will die Bank diesem Verdikt entgegen, muss sie in ihre Sicherungsabrede eine dingliche Teilverzichtserklärung aufnehmen, dass die von einem verlängertem Eigentumsvorbehalt erfassten Forderungen bei Weiterveräußerung entweder überhaupt nicht oder erst bei Erlöschen des Eigentumsvorbehalts erfasst werden (zuletzt BGH v. 21.04.1999 - VIII ZR 128/98, NJW 1999, 2588).

G. Grundpfandrechte

Der Begriff Grundpfandrecht hat sich als Oberbegriff für die Hypothek, die Grundschuld und die Rentenschuld herausgebildet, die im BGB geregelt sind. Ihnen gemeinsam ist, dass sie dem Sicherungsnehmer als Inhaber des Grundpfandrechts gegen den Sicherungsgeber als Eigentümer des mit dem Grundpfandrecht belasteten Grundstücks einen Anspruch auf Zwangsvollstreckung in das Grundstück gewähren (siehe § 1147 BGB). Der Gläubiger kann somit von dem Sicherungsgeber keine Zahlung verlangen, dieser ist jedoch gemäß § 1142 Abs. 1 BGB berechtigt, bei Erfüllbarkeit auf die gesicherte Forderung zu zahlen. Als Realsicherheit wird durch das Grundpfandrecht dem Sicherungsnehmer ein Zugriffsrecht auf das belastete Grundstück gewährt, auf dessen Wert er vertraut. Das restliche Vermögen des Sicherungsgebers steht, sofern er nicht auch Schuldner der besicherten Forderung ist, nicht als Haftungsmasse zur Verfügung.

I. Die Hypothek

1. Bestellung und Übertragung der Hypothek

Die Hypothek ist der Grundtyp für die Absicherung eines Darlehens durch ein Grundstück (§ 1113 Abs. 1 BGB). Die Hypothek entsteht durch Bestellung. Hierfür ist gemäß §§ 1113 Abs. 1, 873 Abs. 1 BGB die Einigung zwischen dem Eigentümer des Grundstücks (Sicherungsgeber) und Gläubiger sowie Eintragung in das Grundbuch erforderlich. Die Hypothek ist als Sicherungsrecht akzessorisch ausgestaltet. Zweite zwingende Voraussetzung für das Entstehen der Hypothek ist somit das Bestehen der zu besichernden Forderung. Gleichwohl ist die zu besichernde Forderung nicht causa der

Hypothek, sondern die häufig konkludent geschlossene Vereinbarung, mit der sich der Sicherungsgeber zur Bestellung der Hypothek verpflichtet.

Eine Hypothek kann als Brief- oder Buchhypothek bestellt werden. Regelmäßig wird wegen der leichteren Umlauffähigkeit eine Briefhypothek bestellt, die auch vom Gesetz als Grundkonstellation angesehen (§ 1116 Abs. 1 BGB). Zur Entstehung muss bei der Briefhypothek gemäß § 1117 Abs. 1 S. 1 BGB der Hypothekenbrief vom Sicherungsgeber an den Sicherungsnehmer übergeben werden, wobei auch Übergabesurrogate zulässig sind (§ 1117 Abs. 1 S. 2 u. Abs. 2 BGB). Die Übertragung der Hypothek erfordert dann neben der Abtretung der Forderung (§ 1153 Abs. 1 BGB) gemäß § 1154 Abs. 1 S. 1 BGB nur die Übergabe des Hypothekenbriefes, nicht aber eine Eintragung im Grundbuch. Zur Bestellung einer Buchhypothek muss gemäß § 1116 Abs. 2 BGB die Erteilung eines Hypothekenbriefes ausgeschlossen und dieser Ausschluss im Grundbuch eingetragen werden. Als nur im Grundbuch verlautbartes Recht ist für deren Übertragung neben der Forderungsabtretung gemäß §§ 1154 Abs. 3, 873 Abs. 1 BGB jeweils eine Eintragung im Grundbuch erforderlich.

Gemäß § 1153 Abs. 1 BGB folgt die Hypothek bei der Zession der Forderung als akzessorisches Recht nach. Fehlt es an der Verfügungsbefugnis des Zedenten (z.B. weil die Forderung nicht mehr existiert oder dem Zedenten nicht zusteht), so kommt aber ein gutgläubiger Zweiterwerb vom Nichtberechtigten für die Hypothek in Betracht gemäß §§ 1138, 892 Abs. 1 S. 1 BGB. Bei der Briefhypothek ist hierfür nach §§ 1155 S. 1, 892 Abs. 1 S. 1 BGB ein Eigenbesitz des Nichteingetragenen am Brief und eine auf den eingetragenen Gläubiger zurückführende Urkundenkette von öffentlich beglaubigten Abtretungserklärungen notwendig. Besteht ein Widerspruch zwischen Grundbuch und Brief so ist nach § 1140 S. 1 BGB der Rechtsschein des Grundbuchs zerstört, ein gutgläubiger Erwerb nach §§ 892, 893 BGB ausgeschlossen.

Der Zedent erwirbt gutgläubig nach § 892 Abs. 1 S. 1 BGB die Hypothek, soweit sie besteht. Ausschlaggebend soll wegen ihrer Akzessorietät deshalb sein, ob der Ersterwerb wirksam oder unwirksam war, die Hypothek mithin wirksam entstanden ist (s.o.). Wenn die Hypothek nicht wirksam entstanden ist, so ist problematisch, ob die §§ 892f. BGB auf die Übertragung der Hypothek anwendbar sind. Denn schließlich wird nur die Forderung durch Rechtsgeschäft übertragen, während die Hypothek kraft Gesetzes nach § 1153

Abs. 1 BGB übergeht. Da, für die Buchhypothek in § 1154 Abs. 3 BGB zum Ausdruck gebracht, die Übertragung einheitlich einen Realakt durch Eintragung im Grundbuch erfordert, muss über den Rechtsscheinträger ein gutgläubiger Erwerb möglich sein (siehe dazu *Wilhelm*, Sachenrecht, 3. Aufl. 2007, Rn. 1620). Ein Mangel der Forderung würde jedoch auch dann wegen der Akzessorietät stets auch wieder auf die Hypothek durchschlagen. Deshalb fingiert § 1138 BGB zugunsten der Hypothek die Existenz einer zu sichernden Forderung. Somit kann der Zessionar die Hypothek, nicht jedoch die Forderung gutgläubig erwerben, da sie ja nur fingiert wird. Nur für den Fall, dass die Forderung besteht, sie aber einem anderen zusteht, wird deshalb auch sie gutgläubig gemäß §§ 1154, 1153 Abs. 2 BGB erworben (*Wilhelm*, Sachenrecht, 3. Aufl. 2007, Rn. 1496ff.).

2. Verwertung der Hypothek

Der Sicherungsgeber ist verpflichtet, im Sicherungsfall die Zwangsvollstreckung in das Grundstück zu dulden (§ 1147 BGB). Möglich ist sowohl eine Zwangsverwaltung als auch eine Zwangsversteigerung. Um eine Zwangsvollstreckung zu vermeiden ist der Sicherungsgeber jedoch nach § 1142 Abs. 1 BGB berechtigt, auf die besicherte Forderung zu zahlen. Gemäß § 1143 Abs. 1 S. 1 BGB geht mit der Befriedigung des Sicherungsnehmers die besicherte Forderung auf ihn über.

II. Die Grundschuld

In der Praxis viel gebräuchlicher als die Hypothek ist die Grundschuld. Als Grundpfandrecht in Anlehnung an das preußische Recht erst im zweiten Entwurf in das BGB aufgenommen unterscheidet sie sich dadurch von der Hypothek, dass sie gemäß § 1191 Abs. 1 BGB nicht das Bestehen einer zu sichernden Forderung voraussetzt. Sie ist damit nicht akzessorisch, die Verknüpfung mit der zu besichernden Forderung erfolgt wie bei der Sicherungsübereignung über die Sicherungsabrede.

1. Bestellung und Übertragung der Grundschuld

Grundsätzlich kann die Grundschuld unabhängig von der gesicherten Forderung übertragen werden. Die Bestellung und Übertragung der Grundschuld richtet sich gemäß

§ 1192 Abs. 1 BGB wie die der Hypothek nach den §§ 1115 ff., 1154ff. BGB, ergänzt um die allgemeinen Vorschriften über die Abtretung (§§ 398ff. BGB).

Erforderlich für die wirksame Bestellung einer Grundschuld sind deshalb gemäß §§ 873 Abs. 1 2. Alt., 1191 BGB eine Einigung zwischen den Parteien und die Eintragung ins Grundbuch gemäß §§ 1115 Abs 1, 1192 Abs. 1 BGB bei der Buchgrundschuld, Briefübergabe gemäß §§ 1116 Abs. 1, 1117 Abs. 1 S. 1, 1192 Abs. 1 BGB bei der Briefgrundschuld. Die Übergabe kann jedoch durch eine Aushändigungsvereinbarung ersetzt werden (§§ 1117 Abs. 2, 1192 Abs. 1 BGB). Der Eigentümer als Besteller muss grundsätzlich auch zur Verfügung über das Grundstück befugt sein. Fehlt es an der Berechtigung kommt aber ein gutgläubiger Ersterwerb vom Nichtberechtigten nach § 892 BGB in Betracht. Besteht ein Widerspruch zwischen Grundbuch und Brief, so ist nach §§ 1140 Abs. 1, 1192 Abs 1 BGB der Rechtsschein des Grundbuchs zerstört, so dass ein gutgläubiger Erwerb ausscheidet.

Für die Übertragung der Grundschuld ist erforderlich, dass der Inhaber und der Dritte sich gemäß § 398 S. 1 BGB über die Abtretung der Grundschuld in einem Vertrag in der Form gemäß §§ 1154, 1192 Abs. 1 BGB geeinigt haben. Gemäß §§ 1154 Abs. 1 S. 1, 1192 Abs. 1 BGB ist hierfür nur eine schriftliche Abtretungserklärung des Zedenten und nach §§ 1117, 1192 Abs. 1 i.V.m. 929 S. 1 BGB die Übergabe des Briefes erforderlich, also keine Eintragung ins Grundbuch. Die schriftliche Abtretungserklärung kann gemäß §§ 1154 Abs. 2, 1192 Abs. 1 BGB aber durch die Grundbucheintragung ersetzt werden. Über den Verweis in §§ 1154 Abs. 3, 1192 Abs. 1 BGB ist bei der Buchgrundschuld nach § 873 Abs. 1 BGB immer Einigung und Eintragung ins Grundbuch notwendig.

2. Sicherungsgrundschuld

Die Grundschuld wird praktisch ausschließlich als Sicherungsgrundschuld zur Kreditsicherung eingesetzt. Diesen Fakt hat der Gesetzgeber in Art. 6 Abs. 7 des Risikobegrenzungsgesetzes v. 12.08.2008, BGBl. I, 1666, 1670, nachvollzogen und in § 1192 Abs. 1a die Sicherungsgrundschuld legaldefiniert als Grundschuld, die zur Sicherung eines Anspruchs verschafft worden ist. Kraft der Sicherungsabrede darf der Gläubiger und Sicherungsnehmer das Grundstück nur im Sicherungsfall verwerten. Wurde der Kredit vollständig zurückbezahlt, hat der Eigentümer (Sicherungsgeber) aus der Sicherungsabrede einen Anspruch auf Rückübertragung der Grundschuld. Durch die Sicherungsgrundschuld sollen dem Sicherungsnehmer also nicht mehr Rechte eingeräumt werden als bei der Hypothek.

Die Grundschuld bot der tradierten Dogmatik folgend gegenüber der Hypothek jedoch den praktischen Vorteil, dass sie sich wegen der fehlenden Akzessorietät im Bestand nicht nach der besicherten Forderung richtet, sie jeweils ohne Umschreibung des Grundbuchs mit einer neuen Forderung „bekleidet" werden kann bzw. ein Erwerber auf die Abstraktheit der Grundschuld gegenüber der Forderung nach § 1157 S. 2 BGB vertrauen durfte. Mit der Einfügung des Abs. 1a in § 1192 BGB ordnet das Gesetz jedoch nunmehr im 2. HS. der Vorschrift an, dass ein gutgläubiger einredefreier Erwerb bezogen auf Einreden aus dem Sicherungsvertrag nicht möglich ist. Damit aber wird die Sicherungsgrundschuld nicht nur an die Forderung gekettet, ihrer dogmatisch abstrakten Ausgestaltung beraubt, sondern, da die an sich akzessorische Hypothek diesem Verdikt nicht unterworfen wird, im Ergebnis akzessorischer ausgestaltet als das eigentlich akzessorische Grundpfandrecht (so auch *Derleder* in: Derleder/Knops/Bamberger, Hdb. deut. und europ. Bankrecht, 2. Aufl. 2008, § 16 Rn. 60). Insgesamt wird durch den rechtsdogmatischen Fehlgriff des Gesetzgebers nicht nur der praktische Nutzungsvorteil, sondern auch das theoretische Erfordernis der Grundschuld in Frage gestellt (Zum Ganzen Staudinger/*Kessal-Wulf*, Eckpfeiler des Zivilrechts, 3. Aufl. 2011, K Rn. 121ff.).